동양정신과 파자풀이로 그려낸

부수한자 101字

도서출판 夏雨

책머리에

동양의 옛 지도를 보면 삼국시대까지도 백두산 넘어 만주땅까지 우리 땅이고 우리 조상들의 생활터전이었다.

지금도 중국 대륙 곳곳에 우리 동족들이 살고 있으며 그때 알래스카를 거쳐 아메리카 대륙으로 건너간 우리 조상들도* 있고 남쪽으로 내려와 한반도에 살고 있는 후손이 바로 우리들이다.

당시 우리 조상들이 쓰던 글자가 한자였으니 한자는 중국 글자가 아닌 동양글자이며 우리의 글자이기도 하다.

훗날 말과 글이 달라 백성들이 불편해 함을 헤아려 세종대왕께서 그 당시 우리가 쓰던 말을 기초하여 한글을 만드셨으니 우리는 뜻으로 된 한자와 소리로 된 한글을 함께 쓰는 세계 유일의 자랑스러운 민족이다.

그때 우리 선조들이 전해준 한자를 일본에서는 약자와 자기네 말인 글로 고쳐 쓰고 있고 중국에서도** 이제는 한자를 버리고 간체자를 만들어 쓰고 있으며, 우리나라에서도 일부 사람들이 한자는 중국 글자라고 하여 우리 국

★ 아파치 : 아메리카 원주민으로 우리와 인체 특성, 생활풍습, 언어까지 거의 같으며 새 땅을 찾아 건너온 이주민들과의 싸움에서 숨진 아버지를 붙잡고 복수를 다짐하던 소리(아버지 → 아파치를 듣고 이주민들이 붙인 용맹한 부족이름.

★★ 대만 : 중국과 별단국인 대만은 우리와 같이 한자를 그대로 쓰고 있다.

 어사전에 나오는 어휘의 절반이 훨씬 넘는 말의 한자를 쓰지 말자고 하고 있어 내 비록 한문학자는 아니나 옛날이야기의 끝자락 같은 시절에 태어나 등잔불 아래서 한자를 배웠고, 한자는 글자마다 그 뜻이 있어 나름대로 쓰임에 좋은 것도 있다는 것을 알았으니 조상의 깊은 뜻이 사라지지 않고 언제까지나 우리와 함께하고 길이 전해지기를 바라는 마음으로 이 책을 만든다.

 옛날에는 아무것도 모르는 어릴 때에 한자를 가르치려니 한 일(一)은 막대기 하나, 두 이(二)는 막대기 두 개 …, 하고 가르쳤으나 이제 한글을 깨치고 많은 것을 배운 너희들에게는 한자의 기본이 되는 부수자 214자 중에서 많이 쓰이거나 그 뜻을 알았으면 하는 101자를 골라 그 글자가 갖고 있는 참뜻을 보기 쉽고 알기 쉽게 설명했으니 가벼운 마음으로 한 번씩 보고 그때마다 한 자, 두 자 익혀 앞으로 자라며 천지자연, 세상진리를 깨지는 지혜의 씨앗이 되길 바란다.

 반갑다, 애들아―
 다음 장으로 넘겨라.

己亥年 高瑢鉉

한 일
지사/1획

처음 하늘이 열리니
첫째이고 **하나**이며
모두다 **한 일**

• 태초에 하늘이 생기고 우주 만물이 시작되니 一(한 일)은 홀수로 양(陽 볕 양)의 첫수이며 二(두 이)는 짝수로 음(陰 그늘 음)의 첫수이다.

옛날 학교에 들어가기도 전에 어린아이들에게 天(하늘 천), 地(따 지)… 하며 한자를 가르칠 때에 알기 쉽게 하려고 一(한 일), 二(두 이)를 '막대기 하나', '막대기 둘'로 가르쳤으나, 이제 많은 것을 알고 한자를 배우니 一(한 일), 二(두 이)가 '하나', '둘'뿐이 아니라 '처음, 모두', '둘째'이고 크게는 '하늘'과 '땅'을 의미했으며 이처럼 한자에는 이제는 사라졌거나 변한 숨은 뜻이 있다는 것을 알거라.

一

두 이
지사/2획

하늘 다음 땅이 생기니
둘째이고 **둘**이다 **두 이**

- 가벼운 기운은 위로 올라 하늘이 되어 처음이고 하나인 一(한 일)이 되고, 무거운 기운은 아래로 굳어 땅이 되니 二(두 이)는 짝수를 말하며 '땅의 숫자' 즉 陰(그늘 음)의 숫자를 상징한다고 하였다.
- 세 번째로 사람이 생겨 三(석 삼)이 되니 이를 '완성의 수'라고 하여 '하나, 둘, 셋'하고 시작하고, 삼등까지 상을 주며 승부도 세 판으로 결정한다.
- 또 하늘(一 한 일)과 땅(二 두 이)의 뜻을 통해 (ㅣ 뚫을 곤) 사람(一)을 다스려 王(임금 왕)이라고 한다.

一 二

열 십
지사/2회

하늘과 통하는
열 십

- 열 손가락의 양 팔을 본뜬 상형문자라고도 하나 지금과 같이 큰 단위의 숫자가 필요하지 않았던 당시에는 열(十 열 십)으로 모든 것을 나타냈던 지사문자이다. 그래서 十(열 십)에는 '전부', '완전하다'는 뜻도 있다.

- 十(열 십)은 하늘(一 한 일)을 꿰뚫는(l 뚫을 곤) 수로 완벽하게 다 갖춘 '신의 수'라 하여 지금도 사람들이 하고 있는 바둑이나 무술 등에 9단까지만 있고 10단은 없다.

보일 **시**

상형/5획

보일**시**변

인간의 뜻을 **알리고**

신의 뜻을 **알아보려**

하늘과 땅에 **보일 시**

- 示(보일 시)는 하늘(一 한 일)과 땅(二 두 이)의 신에게 제사를 올리는 모양을 본뜬 상형문자라고 한다.

一 二 亍 示 示

장인 공

상형/3획

모든 것을 **만들고**
만드는 그 **사람**
장인 공

- 工(장인 공)은 일할 때 쓰는 공구를 그린 상형문자라고도 하고 하늘과 땅 사이의 모든 것을 만들고 다듬는 사람을 나타내는 지사문자라고도 한다.

一 丅 工

언덕 한

상형/2획

厂(언덕 한)은 '기슭 한'이라고도 하며 글자의 '엄'으로 쓰여 '언덕 엄' 또는 '기슭 엄'이라고도 한다. 또 广(집 엄)의 다른 이름인 '엄호'에 대해 머리부분이 밋밋하여 '민엄호'라고도 한다.

비바람 피하는
언덕 한

- 厂(언덕 한)은 언덕을 본뜬 상형문자로 사냥하며 떠돌던 당시 임시로 비바람을 피할 수 있던 거처이다.

집 엄
상형/3획

广(집 엄)이 글자의 '엄'으로 쓰이며, 戶(집 호)와 같이 '엄호'라고도 한다.

꾸며지는
집 엄

- 广(집 엄)은 厂(언덕 한)보다는 꾸며지고 宀(집 면)에 비해 한쪽 면이 열린 집이다.

집 면
상형/3획

글자의 모양이 옛날 사람들이 쓰던 갓 모양이고 '머리'에 쓰인다고 '갓머리'라고도 한다.

벽이 있는
집 면

• 지붕과 벽이 있게 모양을 갖춘 '집'이다.

덮을 멱

보자기로 덮을 멱

冖(집 면)을 '갓머리'라고 하여, 위에 점이 없이 밋밋하다고 '민갓머리'라고도 한다.

굴 혈 / 구멍 혈

상형/5획

집이 된 **굴**
구멍 혈

- 穴(구멍 혈)은 집으로 쓰이는 동굴을 본뜬 상형문자라고 한다.

丶 丷 宀 穴

주검 시

상형/3획

𝑃(주검 시)가 글자의 '엄'으로 쓰일 때 厂(언덕 한), 广(집 엄), 戶(집 호)와 같이 집의 뜻으로 쓰이며 '주검시엄'이라고 한다.

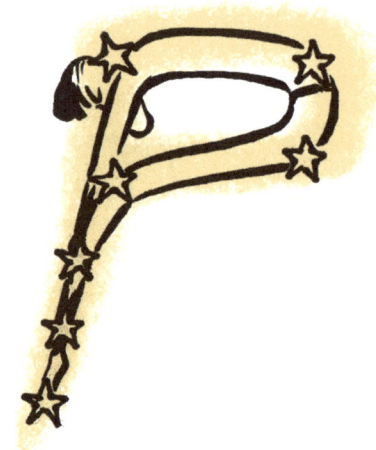

구부린 몸
주검 시

- 𝑃(주검 시)는 사람이 엎드린 모양은 본뜬 상형문자로 주로 몸이나 집에 관련된 의미로 쓰이는데 그 모양이 북두칠성과 비슷한 것은 옛날엔 사람이 나고 죽는 것을 북두칠성이 맡고 있다 하여 자식을 낳게 해달라고 북두칠성에게 빌었으며 죽어서도 북두칠성으로 돌아간다고 알았다 했으니 글자의 모양과 전혀 관계가 없지 않은 것 같다.

지게 호 / 집 호

상형/4획

외짝 문
집 호

- 옛날 짐을 지어 나르던 지게를 본뜬 상형문자라고도 한다.
- 門(문 문)은 담에 붙은 양쪽 문이고, 戶(지게 호)는 벽에 붙은 외짝 문으로 일반 백성들이 사는 작은 집을 뜻한다.

一 ᄂ 彐 戶

立

설 립

상형/5획

우뚝 선
설 립

• 본래는 땅을 딛고 서 있는 사람을 본뜬 상형문자라고 한다.

丶 亠 产 立 立

문 문

상형/8획

양쪽으로 달린 문이고

그 집안 문 문

- 門(문 문)은 담에 달린 양쪽 문을 본뜬 상형문자라고 한다.

丨 冂 冂 冂 冃 門 門 門

높을 고

상형/10획

이층집이
높을 고

- 高(높을 고)는 10획인데 같은 글자인 髙(일명 사다리 고)는 글자의 획수를 11획으로 한다.
  이렇게 한자에서는 글자의 획수로 음양을 나타낸다 하여 같은 뜻의 다른 글자를 만들기도 한다.

丶 亠 亠 亠 亠 亠 亠 高 高 高

좌부변

언덕 부

상형/8획

阜(언덕 부)가 글자의 '변'으로 쓰이며 모양이 'ß'로 바뀌고 글자의 왼쪽(左왼 좌)에 阜(언덕 부)가 '변'으로 쓰인다고 '좌부변'이라 한다.

굴이 파인
언덕 부

- 阜(언덕 부)는 본래 계단처럼 파놓은 언덕을 본뜬 상형문자라고 한다.
- ß(좌부변)과 같은 모양으로 글자의 오른쪽에 '방'으로 쓰이는 ß(우부방=邑고을 읍)이 있다.

′ ′ ⼻ ⻖ 白 白 自 阜

고을 읍
회의/7획

집이 모여
고을 읍

- ⻏(우부방)과 같은 모양으로 글자의 왼쪽 '변'으로 쓰이는 ⻖(좌부변=阜언덕 부)이 있다.

사람 인

상형/2획

人(사람 인)이 글자의 '변'으로 쓰이며 글자의 모양이 'イ'로 변한다.

서로 돕고 사는
사람 인

- 본래 人(사람 인)은 팔을 앞으로 내밀고 서 있는 사람의 모습을 본뜬 상형문자라고 한다.
- 사람은 결코 혼자 살지 못한다. 서로 믿고 돕고 살아야 하며 한번 깨어진 믿음은 다시 돌이키기 어려우니 신의를 잃지 않도록 노력해야 한다.

 자신을 낮추어 걷는 **어진사람 인**

어진사람 인

儿(어진사람 인)은 '사람'을 뜻하며 글자의 '발'로 쓰인다.

ノ 人

두인변

조금 걸을 **척**

상형/3획

둘이서
조금 걸을 척

- 彳(조금 걸을 척)은 사거리의 왼쪽을 본뜬 상형문자로 부수로 쓰이며 사람의 행위를 나타낸다.

다닐 **행**

네거리를 다닐 행
彳(조금걸을 척)과 亍(자축거릴 축)으로 '彳'과 같이 다니고, 움직이는 뜻으로 쓰인다.

丿 彳 彳

뒤져올 치

상형/3획

허리를 굽히고
뒤져올 치

- 夂(뒤져올 치)는 본래 발의 모양을 거꾸로 나타낸 상형문자라고 한다.

천천히 걸을 쇠

지팡이를 끌며 **천천히 걸을 쇠**

夂(뒤져올 치)와 같은 글자로 夂(뒤져올 치)는 주로 글자의 '머리'에 쓰이며 夊(천천히걸을 쇠)는 '발'에 쓰인다.

丿 ク 夂

큰 대
상형/3획

크고
높고
훌륭한
큰 대

- 大(큰 대)는 팔다리를 크게 벌린 사람을 본뜬 상형문자로 동물들도 싸울 때는 자신을 크게 보이게 하기 위해 깃이나 털을 곤두세워 몸을 부풀린다.

一 ナ 大

아들 자

상형/3획

두 팔 벌린
아들이고 자식인
사람 **아들 자**

• 子(아들 자)는 포대기에 싸인 아기의 모습을 본뜬 상형문자라고 한다.

一 了 子

계집 녀
상형/3획

인사하는
계집 녀

- 본래는 두 손 모으고 조용히 앉아 있는 모습을 본뜬 상형문자라고 한다.
- 요즘에는 '계집'이라는 말이 여자를 얕잡아 이르는 말이라고 하나 '사내'와 함께 쓰던 우리말이며 굳이 고쳐야 한다면 '아낙'이란 말이 좋겠다.

く 夊 女

힘 력

상형/2획

힘을 쓰는
힘 력

- 力(힘 력)은 본래 밭을 가는 쟁기를 본뜬 상형문자라고 하는데 당시는 쟁기질이 제일 힘드는 일이었는가 보다.

감싸 안는 쌀 포

쌀 포

몸을 숙여 감싸 안는 모습을 본뜬 글자로
단독으로는 쓰이지 않는 '부수자'이다

フ 力

칼 도

상형/2획

선칼**도**방

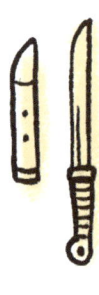

한쪽 날
칼 도

- 刀(칼 도)는 칼날이 한쪽에만 난 칼이고, 길고 양쪽으로 날이 있는 칼은 劍(칼 검)이며, 짧고 날카로운 칼은 匕(비수 비)이다.

フ 刀

모 방

상형/4획

방법이고
방향이며
모가 난
모 방

• 方(모 방)은 뱃머리를 마주 댄 두 척의 배를 본뜬 상형문자라고 한다.

머리 두

머리 쪽을 나타내는 머리 두

亥(돼지 해)의 머리 부분이라 '돼지 해 머리 두' 라고도 하며 특별한 의미 없이 윗쪽을 의미하며 부수로 쓰이는 글자이다.

丶 一 亠 方

사사 **사**
상형/2획

厶(사사 사)는 글자 모양이 통마늘과 비슷하여 '마늘 모'라고도 하며 '아무개'를 뜻하는 '아무 모'라도고 한다.

아무라도
나부터
사사 사

- 厶(사사 사)는 본래 농기구를 본뜬 상형문자라고도 하고 사사로움을 나타내는 지사문자라고도 한다.

ㄥ 厶

손 수
상형/4획

재방변

手(손 수)가 글자의 '변'으로 쓰이며 모양이 扌(재주 재)처럼 바뀌고, '방'으로 쓰던 扌(재주 재)가 '변'으로 쓰인다고 '재방변'이라고 한다.

두 팔의 손과
그 사람
손 수

• 手(손 수)는 본디 손을 본뜬 상형문자라고 한다.

一 二 三 手

또 우

상형/2획

又(또 우)는 屮(왼손 좌), 크(돼지머리 계)와 같이 손, 특히 오른손을 의미하는 글자이다.

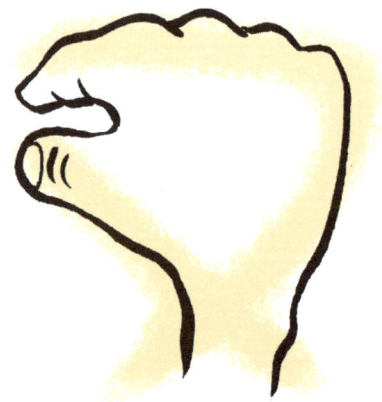

쓰고
또 쓰는 손
또 우

- 又(또 우)는 오른손을 본뜬 상형문자로 오른손을 쓰고 또 쓴다하여 '또'라는 뜻을 가지고 있다.

ㄴ ㅿ

칠 복
회의·형성/4획

攵(칠 복)의 변형자로 글자의 '방'에 쓰이는 攵(등글월 문)은 文(글월 문)의 머리획이 등에 붙었다고 '등글월 문'이라고도 하나 '같은 무리'라는 뜻의 等(무리 등)을 쓴 '등글월 문'이다.

매를 들어
칠 복

지탱할 지

손에 잡은 나뭇가지로 **지탱할 지**
支(지탱할 지)는 갈라진 나뭇가지를 손에 잡고 있는 글자로 '가를 지'라고도 한다.

몽둥이 수

형성·회의/4획

殳(몽둥이 수)는 攴(칠 복/등글월 문)에 비해 모양이 더 갖추어져 있다고 '갖은등글월 문'이라고도 한다.

주먹 쥔
몽둥이 수

- 殳(몽둥이 수)는 본래 几(안석 궤)와 又(또 우)를 합친 형성문자라고도 하고 회의문자라고도 한다.

丿 几 殳 殳

발 족

발족변

상형/7획

足(발 족)이 글자의 '변'으로 쓰이며 모양이 '乥'로 바뀐다.

먹을 것을 찾아 나선 **발 족**

• 본래는 정강이부터 발까지를 나타낸 상형문자라고 한다.
• 足(발 족)은 넉넉하다는 '족하다'라는 뜻도 가지고 있다.

발 소

옷자락 밑의 **발 소**

疋(발 소)가 글자의 '변'으로 쓰이며 모양이 '疋'로 바뀐다.

丶 口 口 尸 足 足 足

그칠 지
상형/4획

발길을
그칠 지

- 止(그칠 지)는 본래 위를 향한 발바닥을 본뜬 상형문자라고 한다.

丨 ㇑ ㇑ 止

달릴 주

회의/7획

발꿈치 들고
달릴 주

- 走(달릴 주)는 '달아날 주'라고도 하며 본래 사람이 팔을 흔들며 달리는 모양을 나타내는 회의문자라고도 한다.

一 十 土 キ キ 走 走

갖은**책**받침

쉬엄쉬엄갈 착

회의/7획

辵(쉬엄쉬엄갈 착)이 글자의 '받침'에 쓰이며 모양이 '辶'로 바뀌며 그 모양이 책을 받쳐놓고 보는 책받침대와 모양이 같다고 '책받침' 또는 廴(민책받침)에 비해 모양이 더 갖추어져 있어 '갖은책받침'이라 한다.

산을 넘고 넘어
쉬엄쉬엄갈 착

길게걸을 인

먼 길을 길게걸을 인

辵(=辶 쉬엄쉬엄갈 착=책받침)에 비해 점이 없이 밋밋하여 '민책받침'이라고도 한다.

丿 ㇏ 彡 乎 乎 乎 辵

마음 심
심방변 마음심밑
상형/4획

心(마음 심)이 글자의 '변'에 쓰일 때는 '忄'로 바뀌고 '심방변'이라고 하고, '발'에 쓰일때는 '⺗'로 바뀌고 '마음심밑'이라 한다.

몸의 **한가운데**
뛰는 심장
마음 심

- 忄(심방변)이 이름대로 '방'과 '변'에 쓰이는 것이 아니고 '변'으로만 쓰이고 있는 것을 알거라.
- 옛 사람들은 마음이 상했을 때 '가슴이 아프다'라고 하며 마음은 가슴 한가운데 있는 심장에서 생긴다고 알았다.

몸 신

상형/7획

창을 든 남자
아이 밴 여자
몸 신

- 身(몸 신)은 아이를 밴 여자의 몸을 본뜬 상형문자라고도 하고, 自(스스로 자)와 才(재주 재)자를 합쳐 스스로 재주를 익혀가는 '몸'을 뜻하는 형성문자라고도 한다.

丿 ㇓ 肀 自 自 身 身

귀 이

상형/6획

두 개 있다
귀 이

• 耳(귀 이)는 부수로 쓰이며 주로 소리나 듣는 것에 관련되게 쓰인다.

一 丆 厂 F 王 耳

눈 목

상형/5획

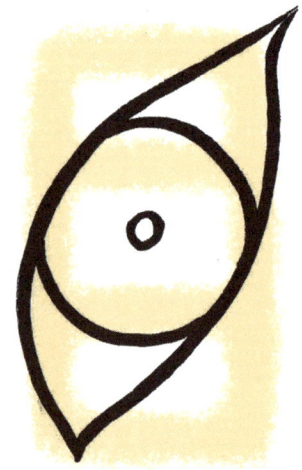

세워진 눈
눈 목

- 目(눈 목)은 四(넉 사)자가 먼저 쓰이고 있어 글자를 세웠다고도 하며 위엄있게 치켜 뜬 눈을 본뜬 상형문자라고 한다.

- 눈에는 정기가 있어 눈이 높게 보이는 사람을 네발 달린 짐승이 두려워하며 곰과 같은 짐승들도 눈을 높게 보이게 하기 위해 싸울 때 일어선다고 한다.

丨 冂 冂 目 目

볼 견

상형·회의/7획

가까이 가서
볼 견

• 見(볼 견)은 눈을 크게 뜬 사람을 나타내는 상형문자 또는 회의문자라고도 한다.

丨 冂 冂 冃 月 目 貝 見

머리 혈

상형·회의/9획

하나뿐인
목 위의
머리 혈

- 頁(머리 혈)은 자기를 나타내는 코를 강조한 목 위의 머리를 본뜬 상형문자 또는 회의문자라고 하며 하나(一 한 일)뿐인 자기(自 스스로 자)의 목 위에 있는 머리이다.

내 얼굴에 콧구멍 두 개 스스로 자

스스로 자

'자기' '스스로' '저절로' 숨을 쉬는 '코'를 나타낸 글자인데 '스스로'라는 뜻이 강해지자 코는 鼻(코 비)를 새로 만들어 쓰게 되었다고 한다.

一 丆 丆 ⾴ ⾴ ⾴ 頁 頁

조개 패

상형/7획

기어가는
조개 패

- 貝(조개 패)는 갑골문에서 껍데기를 양쪽으로 벌린 조개를 그린 상형문자이다.
- 따로 돈이 없던 당시에는 귀한 조개껍질을 돈 대신 사용했기 때문에 貝(조개 패)에는 돈이나 재물이라는 뜻이 있다.

丨 冂 冂 月 目 貝 貝

구슬 옥

구슬옥변

상형/5획

玉(구슬 옥)이 글자의 '변'으로 쓰이며 '王'으로 모양이 변하는데 '임금왕변'이라고도 하지만 '구슬옥변'이라고 해야 옳다.

왕 허리에 반짝이는

구슬 옥

- 본래는 여러 개의 구슬을 꿴 모양을 본뜬 상형문자라고 하며 옛날에는 '玉: 임금왕부'가 따로 있었다고 하나 지금과 같이 부수자를 214자로 줄이며 '구슬옥부'로 포함되었다.
- 王(임금 왕)은 단독으로 쓰일 때에만 '임금 왕'이고 다른 글자와 함께 쓰일 때는 모두 '구슬 옥'이다.

一 二 干 王 玉

입 구

상형/3획

입을 벌려
입 구

- 口(입 구)는 입의 모양을 본뜬 상형문자로 입의 기능이나 행위를 나타내며 또한 '구멍', '어귀', '인구' 등의 뜻으로 쓰인다.

에워쌀 위

둘레를 에워쌀 위

口(에워쌀 위)는 '에울위'라고도 하며 口(입 구)보다 크고 글자의 '몸'으로 쓰여 '큰입구몸' 또는 '에운담'이라고도 한다.

ㅣ ㄇ 口

말씀 언
회의/7획

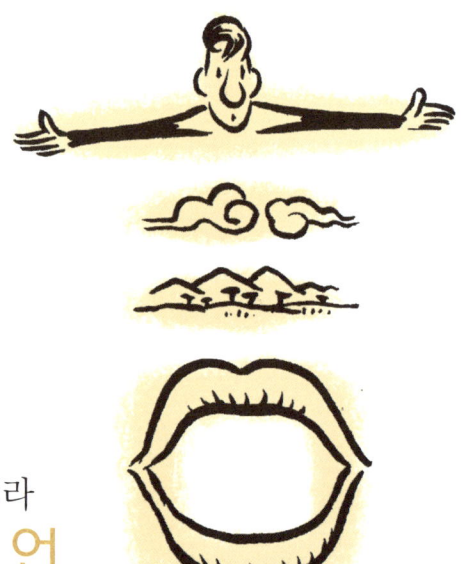

신중해라
말씀 언

- 생각없이 함부로 내뱉는 말로 실수하는 경우가 있으니 머리(亠 머리 두)에 거듭(二 두 이) 생각해서 입(口 입 구)으로 하는 '말'이고 '말씀'이며 '말하다'이다.

丶 亠 늑 言 言 言 言

하품 흠

상형·회의/4획

입 크게 벌려
하품 흠

- 欠(하품 흠)은 입의 행위와 기능을 나타내며 산소가 모자라면 하품하듯 '모자라다'라거나 '흠'이라는 뜻도 가지고 있다.

丿 ㇏ ㇈ 欠

병들어 기댈 녁

상형·회의/5획

疒(병들어 기댈 녁)이 疾(병 질)의 '엄'에 쓰여 '병질엄'이라고도 한다.

병들어 앓다가 내쫓기는

병들어 기댈 녁

- 본래는 평상에 누워 앓고 있는 모습을 본뜬 상형문자라고 하며 '병들어 기댈 상'이라고도 하나 단독으로는 쓰이지 않는다.
- 의술이 발달하지 못했던 당시에는 큰 병이 들면 전염을 막기 위해 환자와 환자 가족까지 마을 밖으로 쫓아내는 일이 많았다.

丶 亠 广 疒

푸를 청

형성 · 회의 / 8획

화분의 씨에서
나온 싹이
조용하고
젊고
푸를 청

- 아직까지도 초록 교통신호등을 푸른 신호등이라고 하는 사람이 있듯 예전에는 초록색과 파란색을 특별하게 구분하지 않고 썼다.

一 二 キ 主 丰 青 青 青

붉을 적
실형/7획

사람이 불빛에
붉을 적

- 불가에서 불 쬐는 사람이 불빛에 비쳐 붉게 보인다는 글자로 赤(붉을 적)에는 '벌거숭이'라는 뜻도 있다.

一 + 土 耂 赤 赤 赤

누를 황

상형/12획

병아리가
누를 황

- 黃(누를 황)은 '햇살퍼진 들판의 누런 곡식' 또는 '허리에 찬 노란 구슬'이라고도 하는데 스무(廿 스물 입) 하루(一 한 일)가 됨으로 (由 말미암을 유) 껍질을 가르고 (八 여덟 팔=가르다) 나오는 병아리가 노랗다고 알자.
- 실제로 병아리는 21일만에 알에서 태어나며 처음에는 대개 노랗게 태어난다.

一 十 廿 卄 芇 苎 吉 苦 莆 黄 黃 黃

흰 백

지사 · 상형 / 5획

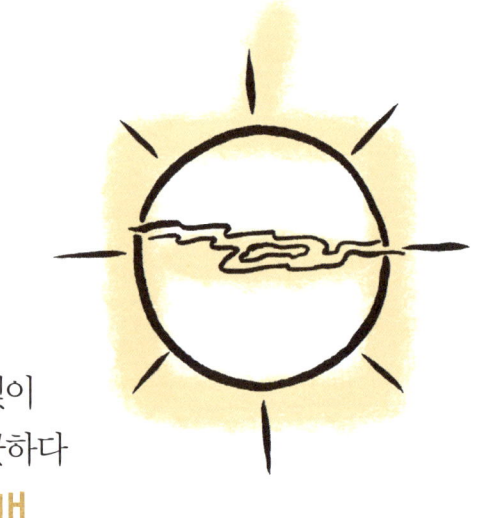

해의 빛이
희고 깨끗하다
흰 백

- 白(흰 백)은 흰쌀밥이나 손톱을 본뜬 상형문자라고도 한다.
- 또한 白(흰 백)은 曰(가로 왈)에서 소리가 나오는 모양이라고 '말하다'라는 뜻도 있다.

′ ′ 冂 白 白

검을 흑
상형·회의/12획

사방 불탄 흙이
검을 흑

- 黑(검을 흑)은 불에 탄 창문이나 굴뚝을 나타내는 상형문자 또는 회의문자라고 하는데 사방(四 넉 사)을 살펴봐도 불(灬=火 불 화)탄 땅(土 흙 토)이 검다고 익혀라.

■ 동양은 5. 서양은 7?
음양(陰 그늘 음, 陽 볕 양)과 오행(五 다섯 오, 行 다닐 행)은 동양의 전통사상으로 동양에서는 色(빛 색)을 다섯 색(靑 푸를 청, 赤 붉을 적, 黃 누를 황, 白 흰 백, 黑 검을 흑)으로 꼽았는데 서양에서는 일곱 색(보, 남, 파, 초, 노, 주, 빨)을 말하고 音(소리 음)도 동양에서는 다섯(궁, 상, 각, 치, 우)음으로 나누었는데 서양에서는 일곱(도, 레, 미, 파, 솔, 라, 시)음으로 나누고 오복(五 다섯 오, 福 복 복)을 큰 복으로 알았던 동양과 달리 서양에서는 7을 행운의 숫자라 하여 럭키세븐(Lucky 7)이라 하는구나.

丶 冂 冂 冋 四 罒 罕 里 里 黑 黑 黑

날 일
상형/4획

밝은 해
그날 하루
날 일

- 日(날 일)은 구름 위의 태양을 본뜬 상형문자로 둥근 모양을 바위나 뼛조각에 새기기 어려워 차츰 네모난 모양으로 변했다고 하며 또 당시에는 하늘은 둥글고 땅은 네모지다고 알았기 때문에 하늘에서 받아 땅에서 쓰는 글자라고 하여 네모지게 만들었다고도 한다.
- 日(날 일)의 가운데 ―(한 일)은 태양의 흑점 또는 새라고도 하나 세상을 밝히는 하나(― 한 일)뿐인 빛이며 양(陽 볕 양, ╋)의 천체라는 뜻이다.
- 해(日 날 일)가 한번 뜨고 지는 것으로 하루로 삼고 하늘의 달(月 달 월)과 함께 불(火 불 화), 물(水 물 수), 나무(木 나무 목), 쇠(金 쇠 금), 흙(土 흙 토)로 일주일을 이룬다.

丨 冂 冃 日

달 월

상형/4획

밝은 달빛
구름에 걸친 달
달 월

- 月(달 월)은 둥근달보다 자주 보게 되는 반달을 본뜬 상형문자로 모양이 항상 바뀌므로 한쪽을 열어 놓았다고 한다. 또 가운데 二(두 이)는 해 다음으로 밝은 두 번째의 빛이며 음(陰 그늘 음)의 천체라는 뜻이기도 하다.

저녁 석

산마루에 걸친 달 저녁 석
月(달 월)에서 한 획이 빠지고 기울어진 달이다.

丿 刀 月 月

불 화
상형/4획

불화발

火(불 화)가 글자의 '발'에 쓰이며 모양이 '灬'로 변하고 '불화발'이라고 한다. 또 燕(제비 연)의 '발'에 쓰고 있다고 '연화발'이라고도 한다.

열과 빛
타오르는 **불 화**

- 火(불 화)는 하늘의 해(日 날 일), 달(月 달 월)과 함께 물(水 물 수), 나무(木 나무 목), 쇠(金 쇠 금), 흙(土 흙 토)로 일주일을 이룬다.

丶 丷 火 火

물 수

물수변/삼수변   물수발

상형/4획

水(물 수)가 '변'으로 쓰이며 '氵'로 모양이 변하여 '물수변'보다 '삼수변'으로 불리는데 이것은 冫(얼음 빙)이 '변'으로 쓰이며 '이수변'으로 불리우기 때문이다. 또 '발'로 쓰일 때는 '氺'로 변하고 '물수발'이라 한다.

아래로 스미는
물 수

- 색도 모양도 없는 水(물 수)가 작은 틈새를 뚫고 아래로 모이는 모양을 나타낸 상형문자이다.

내 천

흐르는 시냇물 **내 천**

川(내 천)이 글자의 '머리'에 쓰이며 '巛'로 모양이 변하고 '개미허리천'이라고도 한다.

亅 亅 氵 水

나무 목

상형/4획

뻗어가는
나무 목

- 木(나무 목)은 나무의 줄기와 뿌리를 본뜬 상형문자라고 한다.
- 木(나무 목)은 하늘의 해(日 날 일), 달(月 달 월)과 함께 물(水 물 수), 나무(木 나무 목), 쇠(金 쇠 금), 흙(土 흙 토)로 일주일을 이룬다.

一 十 ㄧ 木

쇠 금

형성·상형/8획

단단한 쇠
귀한 돈
쇠 금

- 金(쇠 금)은 거푸집을 본뜬 상형문자라고 하는데 사람(人 사람 인)이 한(一 한 일) 곳의 땅(土 흙 토)을 파고 캐내는 빛나는 쇠가 '금'이라 익히자.
- 사람의 성씨 하나인 金(성 김)은 조선을 세운 태조 이성계가 자기 성인 李(오얏 리)의 木(나무 목)을 金(쇠 금)인 도끼가 찍는다고 성씨로는 '금'이라 하지 말고 '김'이라고 부르게 했기 때문이라고 한다.

ノ 人 人 슈 슈 全 金 金

흙 토
상형/3획

하늘의 모든 기운을
받아들이는
흙 토

- 土(흙 토)는 흙더미 또는 흙더미에서 움트는 싹을 나타낸 상형문자라고 하나 하늘(一 한 일)에서 내리는 (丨뚫을 곤) 모든 (十 열 십) 기운을 받아들이는 흙이다.

선비 **사**

하늘의 가르침을 깨우친 선비 사
土(선비 사)는 지배계급을 나타내는 도끼를 본뜬 상형문자라고도 하나 지식과 인격을 갖추고 하늘의 뜻을 아는 선비이다.

一 十 土

메 산

상형/3획

봉우리 이어진
메 산

- '山'을 '메 산' 또는 '뫼 산'이라고 하는데 우리말로 '메'는 산이나 밥을 예스럽게 이르는 말이고 '뫼'는 무덤을 뜻하는 말이다.

丨 凵 山

돌 석

상형/5획

언덕 아래
돌 석

- 石(돌 석)은 언덕 아래에 있는 돌덩이를 본뜬 상형문자라고 한다.

一 ア ズ 石 石

밭 전
상형/5획

잘 나뉜
밭 전

- 잘 나뉜 밭두렁을 위에서 본뜬 상형문자라고 한다.

쓸 용

칸막이장을 편히 쓸 용
田(밭 전)자 처럼 칸을 막은 장을 '용도'대로 '쓰다'이다.

丨 冂 冂 田 田

새 을   숨을은

상형/1획

乙(새 을)이 글자의 '방'으로 쓰이며 ㄴ(숨을 은)으로 모양이 바뀐다.

물 위의

새 을

- 乙(새 을)은 새의 모양 또는 땅속에서 움트는 새싹의 모양으로 부수로 쓰이며 己(몸 기), 巳(뱀 사)와 같이 굽혀 있는 모양을 나타낸다.

乙

풀 초
상형/6획

艸(풀 초)가 글자의 '머리'에 쓰이며 '⺿' '艹' 또는 '⺾'로 모양이 바뀌고 '풀초머리' 또는 草(풀 초)의 '머리'에 쓰여 '초두머리'라고도 한다.

새순 돋는
풀 초

싹날 철

싹이 트는 **싹날 철**

屮(싹날 철)을 '왼손좌'라고도 하며 '왼손'을 뜻하기도 한다.

丨 凵 屮 艸 艸 艸

대 죽

상형/6획

竹(대 죽)이 글자의 '머리'에 쓰이며 모양이 '艹'로 변한다.

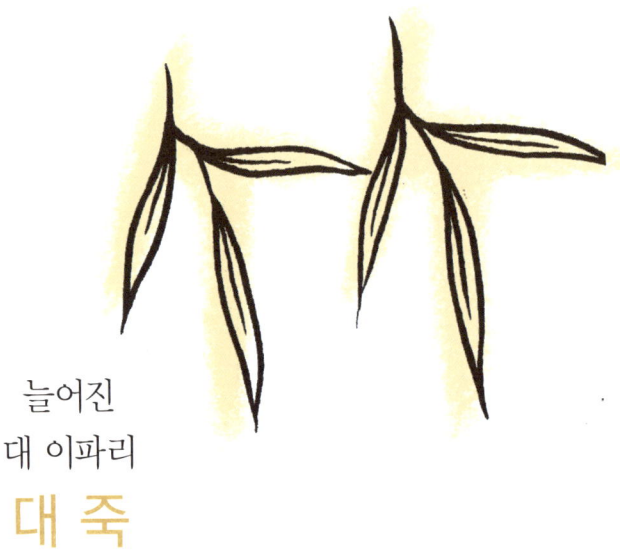

늘어진
대 이파리
대 죽

- 나무라고 하기에는 풀 같고 풀이라고 하기에는 또 나무 같은 竹(대 죽)은 껍질이 단단하고 쓰임새가 다양하여 글자에도 많이 사용되고 있다.

丿 𠂉 𠂉 竹 竹 竹

나뭇조각 장

상형/4획

爿(나뭇조각 장)은 '나뭇조각상'이라고도 하며 將(장수 장)의 '변'에 쓰여 '장수장변'이라고도 한다.

반으로 나뉜
왼쪽 나무토막
나뭇조각 장

조각 편

오른쪽 나무토막 조각 편
반으로 나뉜 오른쪽 나무토막을 본뜬 상형문자로 '조각'을 나타낸다.

丨 丬 爿 爿

벼 화

상형/5획

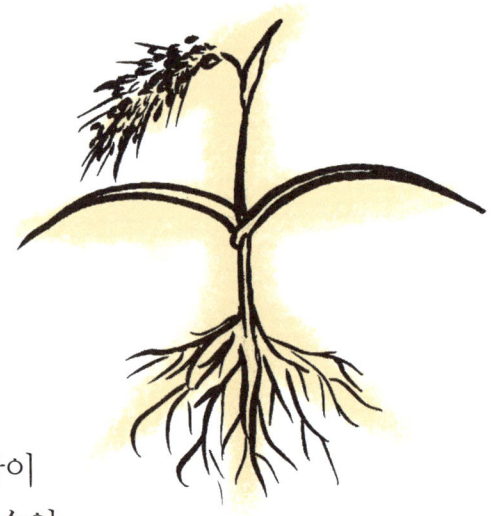

이삭이
고개 숙인
벼 화

- 쌀이 나는 벼의 모양을 본뜬 상형문자라고 한다.
- 옛부터 '벼는 익을수록 고개를 숙인다'고 하며 배우고 익힐수록 겸손해지기를 권했다.

一 二 千 禾 禾

쌀 미

상형/6획

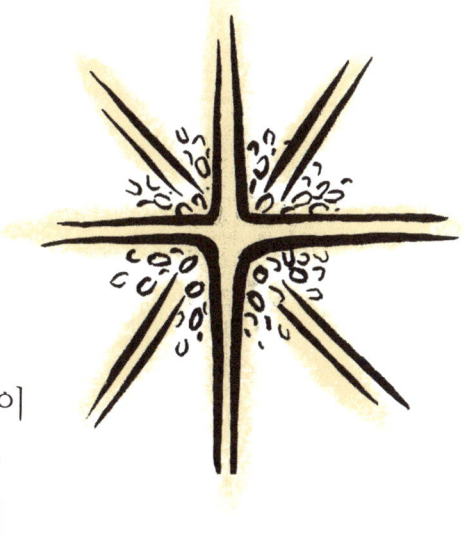

열이면 열이
다 좋은
쌀 미

- 쌀(米쌀 미) 농사는 농부의 손이 여든 여덟(八十八) 번이 가는 귀한 곡식이라는 뜻을 나타낸다고도 한다.
- 十(열 십)은 '전부'를 뜻하기도 하며 쌀이 가장 좋은 곡식임을 나타낸다. 실제로 보리나 밀, 콩 따위는 날로 먹으면 탈이 나지만 쌀은 탈이 나지 않는 곡식이다.

丶 丷 䒑 半 米 米

얼음 빙 이수변
상형/2획

冫(얼음 빙)은 水(물 수)의 '변'의 모양인 氵(삼수변)에 비해 한 획이 적다고 '이수변'이라고도 부른다.

떨어지는 고드름
얼음 빙

- 冫(얼음 빙)은 본래 물이 얼기 전 부풀어 오르는 물 표면을 본뜬 상형문자라고 한다.

기운 기

상형/4획

언덕 위로 피어오르는
기운 기

- 천지(天 하늘 천, 地 땅 지)의 기운으로 구름이 뭉치고 흩어지니 언덕에 피어오르는 구름의 모양으로 기운을 나타내는 상형문자이다.

丿 ⺅ 气 气

바람 풍
형성/9획

잠든 벌레 깨우는
바람 풍

- 흙더미 속에서 겨울잠을 자던 모든(凡 무릇 범) 벌레(虫 벌레 충)를 잠깨우는 바람을 뜻하는 형성문자라고 한다.
- 갓 태어난 거미가 바람에 거미줄을 타고 수만 Km를 이동한다고 하니 대단한 일이다.

丿 几 几 凡 凤 凨 凬 風 風

비 우

상형/8획

하늘에서 떨어지는
비 우

- 하늘(一 한 일)에서 우산(巾 수건 건)에 떨어지는 물(氺=水 물 수)이 비다.
- 비를 나타내는 雨(비 우)는 기상현상과 관계되는 여러 글자에 쓰인다.

一 ㄧ 厂 冂 币 雨 雨 雨

작을 요

상형/3획

어리고
작을 요

• 幺(어릴 요)는 본래 어린 유충의 모양을 본뜬 상형문자라고 한다.

ㄥ ㄠ 幺

실 사

상형/6획

糸(실 사)가 글자의 '변'으로 쓰이며 모양이 '糹'로 바뀌기도 한다.

고치에서 풀리는
실 사

• 糸(실 사)가 원래는 '가는실 멱'이나 絲(실 사)와 같이 쓰고 있다.

㇐ 乙 厶 幺 糸 糸

수건 건

상형/3획

손에 든
수건 건

- 巾(수건 건)은 본래 나무에 걸쳐놓은 수건, 또는 허리에 찬 수건을 본뜬 상형문자라고 한다.

丨 冂 巾

옷 의

옷의변

상형/6획

위에 입는
옷 의

- 衣(옷 의)는 본디 위에 입는 옷을 뜻하고 아래는 裳(치마 상)이니 같이 해서 '의상'이다.

丶 亠 ナ 亣 衣 衣

밥 식
회의/9획

밥식변

食(밥 식)이 글자의 '변'으로 쓰이며 그 모양이 '𩙿' 또는 '𩙿'로 변한다.

집에서 먹고 있는
밥 식

- 집에서 밥을 먹는 모양을 본뜬 상형문자 또는 사람(人 사람 인)에게 좋은(良 어질 량=좋다) 밥이라는 회의문자고 '먹을 식'이라고도 한다.

丿 𠆢 𠆢 亽 仐 今 𠆢 𩙿 食

활 궁
상형/3획

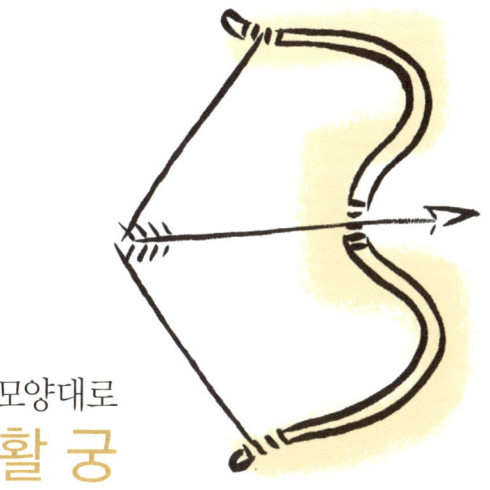

모양대로
활 궁

- 우리 민족은 옛부터 정신력이 강하고 솜씨가 뛰어나 활쏘기에 능숙하였으며 지금도 양궁은 전 세계 으뜸이다.

몸 기

구부리고 앉은 몸 기
己(몸 기)는 구부린 몸을 본뜬 상형문자로 '몸' 이외에 乙(새 을), 巳(뱀 사), 已(이미 이)와 같이 '굽어져 있는' 뜻으로 쓰이기도 한다.

ㄱ ㄲ 弓

그물 망
상형/6획

그물**망**머리

网(그물 망)이 글자의 '머리'에 쓰이며 모양이 '⺳' 또는 '⺴'로 바뀌는데 '⺴'는 '넉 사'와 같아 '넉사머리'라고도 한다.

펼쳐 놓은
그물 망

• 网(그물 망)은 물고기를 잡는 그물을 본뜬 상형문자로 죄지은 사람을 잡는다는 뜻으로도 쓰인다.

网 网 网 网 网 网

그릇 명
상형/5획

쟁반에 받친
그릇 명

피 혈

그릇에 떨어지는 **피 혈**

그릇(皿 그릇 명)에 떨어지는 제물의 '피'를 나타내는 상형문자이다.

皿 皿 皿 皿 皿

장군 부

상형/6획

물을 담는
장군 부

- 옛날에 물이나 술, 간장, 오줌 따위를 담던 그릇의 모양을 본뜬 상형문자라고도 하는데 사람(人 사람 인)이 한(一 한 일) 번씩 산(山 메 산)으로 메고 가는 항아리라고 익혀라.

缶 缶 缶 缶 缶 缶

수레 거/차

상형/7획

위에서 내려 본
수레 차/거

- 車(수레 차/거)는 사람의 힘으로 움직이면 '거'로 다른 동력기관이 있으면 '차'로 읽는다.

車 車 車 車 車 車 車

배 주

상형/6획

노 젓는
배 주

- 舟(배 주)는 본래 안을 파 낸 통나무 배를 본뜬 상형문자라고 한다.

舟 舟 舟 舟 舟 舟

벌레 충

상형/6획

머리 내민
벌레 충

- 처음에는 머리가 크고 몸통이 긴 뱀의 모양을 본뜬 상형문자인데 파충류는 물론 곤충, 나아가 모든 벌레를 말한다.
- 虫(벌레 충)은 본래 '벌레 훼'이나 蟲(벌레 충)과 같이 쓰고 있다.

虫 虫 虫 虫 虫 虫

고기 어

상형/11획

작살에 걸린
고기 어

- 사람(人 사람 인)이 밭(田 밭 전)에서 불(火=灬 불 화)에 구워 먹는다는 뜻의 회의문자라고도 한다.
- 魚(고기 어)는 물에 사는 동물을 나타내고 肉(고기 육)은 뭍에 사는 동물의 살을 나타낸다.

魚 魚 魚 魚 魚 魚 魚 魚 魚 魚 魚

깃 우

상형/6획

날개 편 새의
깃 우

- 羽(깃 우)는 새뿐만 아니라 나비같은 곤충의 날개도 의미한다.

아닐 비

이래서는 아니된다 **아닐 비**

非(아닐 비)는 새의 날개가 꺾여 등지고 날지 못하는 모양을 나타낸 상형문자이다.

羽 羽 羽 羽 羽 羽

새 추
상형/8획

꽁지 짧은
새 추

- 隹(새 추)는 꽁지가 짧은 새를 본뜬 글자이고 鳥(새 조)는 꽁지가 긴 새를 본뜬 글자인데 부수로 쓰이며 실제로는 구분없이 쓰고 있으며 隹(새 추)가 글자 단독으로는 쓰이지 않는다.

隹 隹 隹 隹 隹 隹 隹 隹

새 조
상형/11획

꽁지 긴
새 조

- '꽁지'는 새의 꽁무니에 있는 깃을 말하고 '꼬리'는 동물의 꽁무니에 달린 가늘고 긴 부분을 말한다.

鳥 鳥 鳥 鳥 鳥 鳥 鳥 鳥 鳥 鳥 鳥

소 우

상형/4획

牛(소 우)가 글자의 '변'으로 쓰일 때는 '牜'로 변하며 '머리'에 쓰일 때는 '牛'로 변하나 ⺷(양양의 머리)와 같이 이름은 따로 없다.

사람보다
열 배 힘센

소 우

- 牛(소 우)는 본래 소의 모양을 본뜬 상형문자이나 사람(人 사람 인)의 열(十 열 십) 몫을 하는 '소'라고 하자.

- 옛부터 살아서는 짐을 나르고 논밭을 갈며, 죽어서도 머리에서 꼬리까지 고기는 물론 뼈와 털까지 무엇하나 남지지 않고 주는 가축이다. 그래서 희생(犧 희생 희, 牲 희생 생)이란 글자에 모두 牛(소 우)가 들어간다.

牛 牛 牛 牛

말 마

상형/10획

달리는
말 마

- 馬(말 마)는 갈기를 날리며 달리는 말을 본뜬 상형문자라고 한다.

馬馬馬馬馬馬馬馬馬馬

닭 유

상형/7획

닭다리 빠진 단지
닭 유

- 酉(닭 유)는 본래 삭힌 음료를 만들기 위한 단지를 본뜬 상형문자로 그 뜻도 주로 술이나 삭힌 음료를 의미하는데 음료가 잘 삭도록 땅에 박아두기 좋게 밑을 뾰족하게 만든 단지모양이 마치 닭의 머리와도 비슷해서 발효액과 함께 '닭'이라는 뜻도 갖게 되었다고 한다.
- 또 일찍부터 인간이 길들여 온 닭은 西(서쪽 서)쪽으로 해가 지면 닭우리로 돌아과 횟대(一)에 올라 잠을 잔다고 酉(닭 유)라고 했다고도 한다.

酉 酉 酉 酉 酉 酉 酉

개사슴록변

개 견

상형/4획

犬(개 견)이 글자의 '변'으로 쓰이며 犭(큰개 견)으로 바뀌고 개뿐 아니라 사슴(鹿사슴 록)따위도 나타내 므로 '개사슴록변'이라고 한다.

침 흘리는
개 견

- 땀샘이 발바닥에만 있는 개는 땀을 흘려서 몸의 열을 식히지 못하므로 입을 벌려 헐떡거리며 침을 흘리는데 그 모습을 나타낸 상형문자라고 한다.

犬 犬 犬 犬

양 양
상형/6획

羊(양 양)이 글자의 '머리'로 쓰이며 그 모양이 '𦍌'로 변하나 '牛'(소우의 머리) '聿'(붓률의 머리)와 같이 이름은 따로 없다.

뿔이 달린
양 양

- 羊(양 양)은 제물로 쓰던 하얀 양을 본뜬 상형문자로 '상서롭다'라는 뜻도 갖고 있다.

羊 羊 羊 羊 羊 羊

돼지 시

상형/7획

꼬리 터는
돼지 시

해태 **태**

뛰어오르는 **해태 태**

豸(해태 태/해태 채/벌레 치)는 豕(돼지 시)와 글자가 비슷하나 모양을 더 갖추어 글자의 '변'으로 쓰일 때는 '갖은돼지시변'이라고도 한다.

豕 豕 豕 豕 豕 豕 豕

범무늬 호

상형/6획

虍(범무늬 호)가 虎(범 호)의 '엄'으로 쓰여 '범호엄'이라고도 한다.

일곱 줄무늬
범무늬 호

- 虎(범무늬 호)는 갑골문에서 몸 전체를 나타내는 상형문자라고 하는데 글자대로 범의 일곱(七일곱 칠) 줄무늬라고 익혀라.

虎 虎 虎 虎 卢 虍

늙을 로엄

늙을 로

상형/6회

老(늙을 로)가 글자의 '엄'으로 쓰이며 모양이 '耂'로 바뀌고 '늙을로엄'이라 한다.

지팡이도 못 들도록
늙을 로

- 老(늙을 로)는 지팡이마저 못 들고 주저앉은 늙은 노인의 모습을 본뜬 상형문자라고 익혀라.

老 老 老 老 老 老

터럭 모

상형/4획

꼬리 긴
터럭 모

- 毛(터럭 모)는 털짐승의 모양을 본뜬 상형문자로 手(손 수)와 구별해라.

毛 毛 毛 毛

가죽 피

회의·상형/5획

칼로 다듬는
가죽 피

- 皮(가죽 피)는 손에 칼을 잡고 짐승의 가죽을 벗겨내는 모양을 본뜬 상형문자 또는 손에 든 칼과 가죽을 뜻하는 회의문자라고도 한다.

皮 皮 皮 皮 皮

가죽 혁

회의·상형/9획

부드러운
가죽 혁

- 革(가죽 혁)은 가죽을 다듬는 모습을 나타내는 상형문자라고 하는데 20(廿 스물 입)개 가운데(中 가운데 중) 열(十 열 십)개 정도만 만들어지는 가죽이라 익혀라.
- 皮(가죽 피)는 털이 그대로 있는 가죽이고
  革(가죽 혁)은 털을 뽑아낸 가죽이며
  韋(가죽 위)는 부드럽게 다듬어진 가죽이다.

가죽 위

발로 밟아 다듬은 가죽 위
가죽의 위 아래를 㐄(걸을 과)로 밟아 부드럽게 다듬는다는 회의문자라고 한다.

革 革 革 革 革 革 革 革 革

고기 육

육달 월

상형/6획

肉(고기 육)이 글자의 '변'이나 '발'에 쓰이며 모양이 月(달 월)과 같이 바뀌는데 '고기'를 뜻하는 月(달 월)이라고 '육달월'이라 한다.

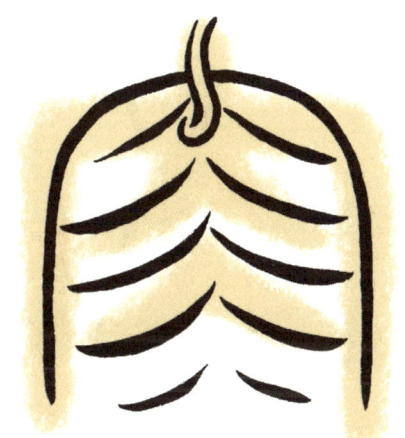

걸려 있는
고기 육

- 肉(고기 육)은 걸어놓은 갈빗살을 본뜬 상형문자이다.
- 예전에는 '月'(달월: 안쪽 두 획이 오른쪽 획에서 떨어짐)과 '月'(육달 월: 안쪽 두 획이 오른쪽 획에 붙음)로 구분했다다하나 지금은 구분없이 쓰고 있다.

肉 肉 肉 肉 肉 肉

뿔 각
상형/7획

각이 있는
뿔 각

- 角(뿔 각)은 뿔이 난 짐승을 본뜬 상형문자라고 한다.

角 角 角 角 角 角 角

피리 약

상형·회의/17획

입 모아 부는
피리 약

- 龠(피리 약)은 피리를 본뜬 상형문자라고도 하는데 사람(人 사람 인)들이 한(一 한 일)자리에서 입(口 입 구)모아 부는 '피리'라고 익혀라.
- 龠(피리 약)은 부수한자 214 중 맨 마지막에 나오는 부수자이다. 이제는 쓰지도 않는 이 글자가 왜 부수자로 되었을까 알아보니 '피리'라는 뜻 이외에도 옛 부피의 단위인 '홉의 1/10이 되는 단위'로 쓰였구나. 약 16g 정도를 재는 용기이니 아마 귀한 약이나 씨앗을 재는 데 쓰였던 모양이다. 또 피리와 같은 목관악기인 오보에의 'A'음으로 연주 전 모든 악기의 음을 조율하니 이처럼 '부수자'로 모든 글자의 기준이 되게 하라는 뜻이 아닌가 싶다.

한자 만들어 보기

한자는 시대에 따라 사라져 가고 또 새롭게 만들어진다. 우연히 만든 글자가 사용하는 사람이 늘면 또한 새 한자가 되는 것이니 그런 마음으로 새 한자를 한번 만들어 보자.

이렇게 한자를 가지고 놀(?) 수 있을 때 한자가 재미있고 쉽게 배워지기 시작한다.

부수(部首)란?

한자(漢字)를 글자의 모양인 자형(字形)에 의해 분류하고 그 글자의 기본이 되는 부분을 부수(部首)라고 하며 한자의 자전(字典)은 부수와 획수의 순서에 의해 배열되어 있다.

그 부수(部首)가 글자의 어느 부분에 위치하느냐에 따라서 다음과 같이 분류된다.

보기

• 글자의 왼쪽에 있으면 '변(邊)'이다.	代　指
• 글자의 오른쪽에 있으면 '방(傍)'이다.	改　項
• 글자의 윗쪽에 있으면 '머리'이다.	宙　草
• 글자의 아래쪽에 있으면 '발'이다.	然　兄
• 글자의 위와 왼쪽에 있으면 '엄'이다.	庫　尾
• 글자의 왼쪽과 밑에 있으면 '받침'이다.	道　建
• 글자의 밖을 둘러싸고 있으면 '몸'이다.	圍　間
• 글자가 그대로 부수인 것은 '제부수'이다.	高　馬
• 위에 들지 않는 그밖의 것은 '안'이다.	問　愛

육서(六書)란?

+, −, ×, ÷ … 처럼 모양과 뜻은 있으나 제 이름이 없는 것은 '부호'라고 하고 ㄱ, ㄴ, ㄷ, ㄹ …, A, B, C, D … 처럼 뜻은 없으나 모양과 제 이름이 있는 것은 '소리글자'라고 한다.

그런데 모양과 이름과 뜻도 갖고 있는 글자가 있으니 이것이 '뜻글자'이며 그 뜻글자인 한자가 만들어진 원리를 바탕으로 여섯 종류로 분류해 놓은 것을 '육서'라고 한다.

■ 상형문자(象形文字)
물체의 모양을 본 떠 만든 글자로 약 300자 정도이다.
보기 : 日, 月 …

■ 지사문자(指事文字)
보거나 만질 수 없는 것을 나타내는 글자로 약 130자 정도이다.
보기 : 上, 下 …

■ 회의문자(會意文字)
뜻을 나타내는 두 개 이상의 글자를 합쳐 만든 글자로 전체의 약 2~3% 정도이다. **보기** : 明, 好 …

■ 형성문자(形聲文字)
뜻을 나타내는 글자와 소리를 나타내는 글자를 합쳐 만든 글자로 전체의 약 70~80%가 된다. **보기** : 江, 問 …

■ 전주문자(轉注文字)
음은 그대로이나 다른 뜻으로 쓰이는 글자. **보기** : 樂, 惡 …

■ 가차문자(假借文字)
뜻은 그대로 하여 빌려 쓰는 글자. **보기** : 弗, 兵 …

보기 I

집 **가**

- 한자를 보면 당시의 모습을 알 수가 있으니 집(8p ᅩ 집 면) 아래 돼지(93p 豕 돼지 시)가 있는 집(家 집 가)을 보면 당시 야생동물이나 해충을 피하기 위해 울타리를 두르거나 원두막처럼 집을 높게 짓고 살았어도 기어오르는 뱀을 막을 수 없으니 천적인 돼지를 길렀구나. 잡식성인 돼지는 뱀뿐만 아니라 보이는 대로 다 먹어치웠으니 지금도 제주민속촌에 가면 이런 옛 집의 모습을 볼 수 있단다. 자연은 이렇게 오묘해서 천적관계까지 만들어져 있다는 것도 알아두거라.

보기 Ⅱ

즐거울 **락**
풍류 **악**
좋아할 **요**

- 어린아이(72p 幺 작을 요) 둘이 나무(56p 木 나무 목) 밭에서 하얀(50p 白 흰 백) 도시락을 꺼내며 樂 (즐거울 락)

약 **약**

- 당시에는 주변에 나무나 풀이 전부였으니 풀(63p 艹 풀 초)을 먹고 아픈 것이 나아 즐겁게(樂 즐거울 락) 되면 그게 약(藥)

부수한자 찾아보기

※ 페이지가 없는 부수자는 쓰임이 적어 생략된 글자입니다.

1획

一	한 일	1
丨	뚫을 곤	
丶	점 주	
丿	삐침 별	
乙(乚)	새 을	62
亅	갈고리 궐	

2획

二	두 이	2
亠	돼지해머리 두	(25)
人(亻)	사람 인	17
儿	어진사람 인	(17)
入	들 입	
八	여덟 팔	
冂	멀 경	
冖	덮을 멱	(8)
冫	얼음 빙	68
几	안석 궤	
凵	입벌릴 감	
刀(刂)	칼 도	24
力	힘 력	23
勹	쌀 포	(23)
匕	비수 비	
匚	상자 방	
匸	감출 혜	
十	열 십	3
卜	점 복	
卩(㔾)	병부 절	
厂	언덕 한	6
厶	사사 사	26
又	또 우	28

3획

口	입 구	43
囗	에워쌀 위	(43)
土	흙 토	58
士		(58)
夂	뒤져올 치	19
夊	천천히걸을 쇠	(19)
夕	저녁 석	(53)
大	큰 대	20
子	아들 자	21
女	계집 녀	22
宀	집 면	8
寸	마디 촌	
小	작을 소	
尢	절름발이 왕	
尸	주검 시	10
屮	싹날 철	(63)
山	메 산	59
川(巛)	내 천	(55)
工	장인 공	5
己	몸 기	(77)
巾	수건 건	74
干	방패 간	
幺	작을 요	72
广	집 엄	7
廴	길게걸을 인	(34)
廾	받들 공	
弋	주살 익	
弓	활 궁	77
彐(彑,彐)	돼지머리 계	
彡	터럭 삼	
彳	조금걸을 척	18

4획

心(忄,㣺)	마음 심	35
戈	창 과	
戶	집 호	11
手(扌)	손 수	27
支	지탱할 지	(29)
攵	칠 복	29
文	글월 문	
斗	말 두	
斤	도끼 근	
方	모 방	25
无	없을 무	
日	날 일	52
曰	가로 왈	
月	달 월	53
木	나무 목	56
欠	하품 흠	45
止	그칠 지	32
歹	살바른뼈 알	
殳	몽둥이 수	30
毋	말 무	
比	견줄 비	
毛	터럭 모	96
氏	성씨 씨	
气	기운 기	69
水(氵,氺)	물 수	55
火(灬)	불 화	54
爪(爫)	손톱 조	
父	아비 부	
爻	사귈 효	
爿	나무조각 장	65
片	조각 편	(65)
牙	어금니 아	
牛(牜)	소 우	88
犬(犭)	개 견	91

5획

玄	검을 현	
玉(王)	구슬 옥	42
瓜	오이 과	
瓦	기와 와	
甘	달 감	
生	날 생	
用	쓸 용	(61)
田	밭 전	61
疋(⺪)	발 소	(31)
疒	병들어기댈 녁	46
癶	등질 발	
白	흰 백	50
皮	가죽 피	97
皿	그릇 명	79
目(罒)	눈 목	38

矛	창 모		見	볼 견	39	食	밥 식	76
矢	화살 시		角	뿔 각	100	首	머리 수	
石	돌 석	60	言	말씀 언	44	香	향기 향	
示(礻)	보일 시	4	谷	골 곡			**10획**	
内	짐승발자국 유		豆	콩 두		馬	말 마	89
禾	벼 화	66	豕	돼지 시	93	骨	뼈 골	
穴	구멍 혈	9	豸	해태 태	(93)	高	높을 고	14
立	설 립	12	貝	조개 패	41	髟	늘어질 표	
	6획		赤	붉을 적	48	鬥	싸울 투	
竹	대 죽	64	走	달릴 주	33	鬯	술 창	
米	쌀 미	67	足(𧾷)	발 족	31	鬲	솥 력	
糸	실 사	73	身	몸 신	36	鬼	귀신 귀	
缶	장군 부	80	車	수레 차/거	81		**11획**	
网(罒,𦉫,𠀃)	그물 망	78	辛	매울 신		魚	물고기 어	84
羊	양 양	92	辰	별 진		鳥	새 조	87
羽	깃 우	85	辵(辶)	쉬엄쉬엄갈 착	34	鹵	소금 로	
老(耂)	늙을 로	95	邑(阝)	고을 읍	16	鹿	사슴 록	
而	말이을 이		酉	닭 유	90	麥	보리 맥	
耒	쟁기 뢰		釆	분별할 변		麻	삼 마	
耳	귀 이	37	里	마을 리			**12획**	
聿	붓 율			**8획**		黃	누를 황	49
肉(月)	고기 육	99	金	쇠 금	57	黍	기장 서	
臣	신하 신		長(镸)	길 장		黑	검을 흑	51
自	스스로 자	(40)	門	문 문	13	黹	바느질할 치	
至	이를 지		阜(阝)	언덕 부	15		**13획**	
臼	절구 구		隶	미칠 이		黽	맹꽁이 맹	
舌	혀 설		隹	새 추	86	鼎	솥 정	
舛	어그러질 천		雨	비 우	71	鼓	북 고	
舟	배 주	82	靑	푸를 청	47	鼠	쥐 서	
艮	그칠 간		非	아닐 비	(85)		**14획**	
色	빛 색			**9획**		鼻	코 비	
艸(艹)	풀 초	63	面	낯 면		齊	가지런할 제	
虍	범무늬 호	94	革	가죽 혁	98		**15획**	
虫	벌레 충	83	韋	가죽 위	(98)	齒	이 치	
血	피 혈	(79)	韭	부추 구			**16획**	
行	다닐 행	(18)	音	소리 음		龍	용 룡	
衣(衤)	옷 의	75	頁	머리 혈	40	龜	거북 귀	
襾	덮을 아		風	바람 풍	70		**17획**	
	7획		飛	날 비		龠	피리 약	101

숫자의 신비

앞에서 보듯 글자가 하나하나에 뜻이 있듯이 숫자도 뜻이 있고 또 신비한 조합을 이루고 있으니 관심을 갖고 알아보자.

신비한 숫자 1

1 2 3 4 5 6 7 9 X 9 = 111111111

1 2 3 4 5 6 7 9 X 18 = 222222222

1 2 3 4 5 6 7 9 X 27 = 333333333

1 2 3 4 5 6 7 9 X 36 = 444444444

1 2 3 4 5 6 7 9 X 45 = 555555555

1 2 3 4 5 6 7 9 X 54 = 666666666

1 2 3 4 5 6 7 9 X 63 = 777777777

1 2 3 4 5 6 7 9 X 71 = 888888888

1 2 3 4 5 6 7 9 X 81 = 999999999

신비한 숫자 2

1 X 1 = 1

11 X 11 = 121

111 X 111 = 12321

1111 X 1111 = 1234321

11111 X 11111 = 123454321

111111 X 111111 = 12345654321

1111111 X 1111111 = 1234567654321

11111111 X 11111111 = 123456787654321

111111111 X 111111111 = 12345678987654321

옛 사람들은 밤하늘의 별자리부터 바람에 꺼지는 촛불까지도 세상의 모든 것이 사람과 관계되지 않는 것이 없다고 알았으니 우리도 내 가족, 내 이웃 … 그리고 길가의 풀꽃까지도 이보다 더한 신비한 관계를 가지고 있을지 생각해 보자.

마방진

숫자의 신비한 조합으로 옛 선조들은 마방진이라는 숫자 퍼즐을 만들었는데 지금도 세계적인 수준을 자랑하고 있다. 이것도 관심을 갖고 알아보자.

4	9	2
3	5	7
8	1	6

(15)

16	2	3	13
5	11	10	8
9	7	6	12
4	14	15	1

(24)

이 마방진을 이용하여 선조들은 상대방의 마음을 알아내는 특별한 카드를 만들어 즐겼는데 그중의 하나를 새롭게 만들어서 다음 페이지에 올리니 이 놀이로 자주 쓰이는 몇 자의 한자라도 익히고 또 이런 놀이의 비밀을 살펴보거라.

• **사용법**

동(東 동녁 동), 서(西 서녁 서), 남(南 남녁 남), 북(北 북녁 북) 네 개의 카드를 펼쳐 놓고 그중의 한 글자를 마음속으로 정하게 한 후, 그 글자가 있는 카드(동, 서, 남, 북 중에)를 말하게 한다.
그 카드의 왼쪽, 맨 위에 있는 칸의 숫자를 합친 숫자가 있는 글자가 상대방이 마음속으로 고른 글자이다.

예 저녁(夕 저녁 석)을 골랐다면 남과 북 카드에 있구나. '남' 카드 여름의 '6'과 '북' 카드의 겨울의 '16'을 더한 '22'가 저녁이다.

※ 절단선을 따라 자른 후 비닐코팅하여 예쁜 카드로 만들면 좋겠다.

Bingo Cards

Card 1 (西 서)

朝 (9 아침)	午 (19 낮)	夜 (25 밤)
日 (4 해)	**西 (서)**	火 (10 불)
秋 (3 가을)	木 (20 나무)	土 (26 흙)

Card 2 (北 북)

午 (19 낮)	夕 (22 저녁)	土 (26 흙)
夜 (25 밤)	**北 (북)**	水 (17 물)
冬 (16 겨울)	木 (20 나무)	金 (23 쇠)

Card 3 (東 동)

月 (7 달)	木 (20 나무)	金 (23 쇠)
日 (4 해)	**東 (동)**	土 (26 흙)
春 (1 봄)	火 (10 불)	水 (17 물)

Card 4 (南 남)

朝 (9 아침)	夕 (22 저녁)	夜 (25 밤)
土 (26 흙)	**南 (남)**	月 (7 달)
夏 (6 여름)	火 (10 불)	金 (23 쇠)

동양정신과 파자풀이로 그려낸
부수한자 101字

초판 발행 2019년 7월 22일

지은이	고용현
펴낸이	박민우
기획팀	송인성, 김선명, 박종인
편집팀	박우진, 김영주, 김정아, 최미라
관리팀	임선희, 정철호, 김성언, 권주련, 전혜련
펴낸곳	(주)도서출판 하우
주소	서울시 중랑구 망우로68길 48
전화	(02)922-7090
팩스	(02)922-7092
홈페이지	http://www.hawoo.co.kr
e-mail	hawoo@hawoo.co.kr
등록번호	제475호

값 10,000원
ISBN 979-11-90154-30-7 03700

* 이 책은 저작권법에 따라 보호받는 저작물이므로 무단 전재와 무단 복제를 금지하며,
  이 책 내용의 전부 또는 일부를 이용하려면 반드시 저작권자와 (주)도서출판 하우의 서면 동의를 받아야 합니다.